Catherine DIDON

BELLES DEMEURES
DU LOT

Éditions
patrimoines *médias*

Que tous ceux qui m'ont apporté leur aide, leur soutien, leurs conseils et leurs connaissances trouvent ici l'expression de ma gratitude.

Mes remerciements vont particulièrement à Valérie Rousset, Jean Lartigaut, Jean Bergue, Pierre Dalon, André Salvage, Gilles Séraphin, ainsi qu'à monsieur l'abbé Rauzières qui m'ont permis, pendant trois années, de mener le travail de recherches dans les meilleures conditions.

Je remercie également pour leur accueil et leur compréhension de nombreux propriétaires de demeures dont je garde un vif souvenir.

Catherine Didon

Après avoir publié, en 1996, un inventaire exhaustif des châteaux, manoirs et logis du Lot, il nous a semblé utile de proposer au public un ouvrage plus réduit dont le but est de donner une idée de la richesse et de la diversité du patrimoine de ce département.

Une sélection d'une cinquantaine de sites présente un large éventail des trésors lotois. Au fil des pages, vous pourrez les admirer et, également, les connaître grâce à la qualité du travail de l'auteur, tant dans le domaine photographique que dans celui des recherches historiques.

Les sites choisis n'étant pas tous ouverts au public, nous avons décidé de compléter cette plaquette par des renseignements touristiques concernant l'ensemble des vingt-cinq châteaux du Lot que vous pourrez visiter.

Assurément, comme nous, vous succomberez à leur charme !

Philippe Floris

Éditions Patrimoines & Médias

St-Denis-
les-Martel
Vayrac
Martel
Bretenoux
Souillac
Sousceyrac
St-Céré
Payrac
Latronquière
Gramat
Gourdon
Lacapelle-Marival
Salviac
Livernon
Cazals
St-Germain-
du-Bel-Air
Labastide-Murat
Catus
Lauzès
Figeac
Puy-l'Évêque
Luzech
St-Géry
Cajarc
CAHORS
Lalbenque
Limogne-
en-Quercy
Montcuq
Castelnau-
Montratier

SOMMAIRE

Dans de nombreux cas, les propriétés présentées dans cet ouvrage ne sont pas accessibles aux visiteurs, aussi par souci de respecter leur caractère privé, les situations de chacune d'entre elles ne sont pas précisées au delà du canton. En fin d'ouvrage, vous trouverez la liste et les coordonnées de l'ensemble des châteaux du Lot ouverts au public.

Photographie de couverture : Charry
En quatrième de couverture : Cieurac

Page 19, photo du haut : cliché Gilles Séraphin.

Juché sur un piton rocheux dominant les eaux claires de la Dordogne, le château de Belcastel attire le regard des passants qui ne se lassent pas d'admirer la beauté du site sauvage où il se dresse. Bâti à la fin du siècle dernier sur les vestiges d'une construction antérieure qui avait été elle-même élevée sur les frondaisons d'une forteresse primitive, le château a respecté la configuration originelle des lieux : donjon, corps de logis, chapelle et enceinte. Le fief de Belcastel fut, dès le Xe siècle, la propriété de l'abbaye Saint-Martin de Tulle. Une famille de chevaliers en prendra le nom au XIIe siècle. Les Stéphani de Valon et les Thémines se partageront ensuite la seigneurie. Occupé par les troupes anglaises à maintes reprises pendant la guerre de Cent ans, le château détruit sera relevé de ses ruines par les Bauze au XVe siècle. Une alliance apportera le fief, en 1547, dans la corbeille d'une lignée protestante, les Lion, qui le conserveront jusqu'en 1650. Après quelques sombres drames familiaux, Belcastel échoue aux Calvimont jusqu'à la Révolution.

BELCASTEL

LA TREYNE

La Treyne a tout le charme d'une demeure enchantée. Perché à même le rocher sur la rive bucolique de la Dordogne côté cour, son côté jardin abrite un merveilleux parc à la Française dessiné par Edmond André en 1910, véritable paradis de fleurs et d'eau serti dans le paysage rude du Quercy. Inclus dans la vicomté de Turenne, les Verneuil, puis les Rouffilhac sont les premiers possesseurs du fief au début du XIIIe siècle. La guerre de Cent ans n'épargnera pas le premier repaire. Après le désastre, la seigneurie est offerte à la famille Hugon du Cluzel qui perdure dans les lieux jusqu'en 1607. Une alliance amène ensuite une lignée protestante, les La Ramière. En 1711, les Cardaillac-Végennes font leur entrée au château, et y resteront jusqu'en 1910. De nombreux propriétaires vont alors se succéder, avec des fortunes diverses, dans cette belle demeure devenue l'un des fleurons de la chaîne des Relais et Châteaux. La tour carrée date du XIVe siècle. Le reste du logis, remanié, a été agrandi au XVIIIe siècle.

CHAUSSENEIGE

Chausseneige, au nom si poétique, dresse sa silhouette insolite au milieu d'une clairière de la forêt de Turenne, tel un château surgit sous la baguette d'une fée sylvestre. Mélisande n'est pas si loin, qui a peut-être hanté les lieux… Ceux-ci sont cités dès 936 lors de la donation de la terre par Gaubert des Échelles à l'abbaye de Beaulieu. Le silence des archives recouvre ensuite ces lieux d'un voile d'incertitude pendant plusieurs siècles, avant que n'émergent, au XVe, deux petits seigneurs, Pierre de Galvahn et Jean de Maynard. Ce dernier fera souche durablement, puisque, mis à part une brève éclipse, ses descendants occuperont Chausseneige jusqu'en 1980. Un incendie, en 1897, ravage le logis, qui est ensuite remanié dans le style troubadour mis en vogue par Viollet-Le-Duc. Mais le plan initial n'a pas été modifié, seule la ceinture d'arcades est une innovation troublante. La haute tour rectangulaire date du XIVe siècle, le reste des logis, pourvus lors de la restauration de décors médiévaux, date du XVIe siècle.

BRIANCE

Un moulin installé au XVᵉ siècle est à l'origine de cette pittoresque demeure bâtie entre falaise et rive de la Dordogne. Différentes familles de la bourgeoisie de Martel se succèdent au fil du temps, toujours plus importantes, dont l'une obtiendra du vicomte de Turenne, en 1614, l'autorisation de fortifier les murs par la construction de pont-levis, de mâchicoulis, de guérites et de créneaux. Autant de défenses plus symboliques qu'indispensables à cette époque tardive. En 1653, la seigneurie est acquise par un lieutenant de la sénéchaussée de Martel, François de Lachièze, dont les descendants occupent toujours les lieux.

BLANAT

Dans les murs de ce château dressé à l'extrémité d'une esplanade dominant le paysage souriant de la vallée de la Dordogne, se déroula l'un des épisodes les plus sanglants, en Quercy, des guerres de Religion. Sévissaient alors alentour les troupes protestantes du capitaine de Maleville, homme cruel s'il en fut. En 1573, il assiégea le château et assassina, dans la grande salle, le seigneur du lieu, Guynot de Blanat, sa femme, Gabrielle de Rilhac, ainsi que leur intendant. Après ces années noires, la seigneurie revint au père de la jeune femme, Jean de Rilhac, baron auvergnat. En 1722, le château fut acquis par un officier du roi. Par alliance, la famille d'Aupias en hérita et le conserva jusqu'à la fin du XIXᵉ siècle. La Révolution avait amputé une aile au bâtiment, celle qui abritait la chapelle. La tour pentagonale fut découronnée au niveau des mâchicoulis.

LA TULLE

La silhouette pointue de la tour ancienne du castel de La Tulle émerge d'un îlot de verdure qui pare le reste du logis d'un écran discret. La Révolution, dans un de ses accès de violence, lui a ôté un corps de logis. Édifiée à la fin du XVIe siècle, la demeure fut la résidence de différentes familles issues de la noblesse rurale, avant d'être acquise par les aïeux des propriétaires actuels. Les singulières cheminées crénelées qui ornent la toiture du logis donnent à l'ensemble son allure originale. Quant à la tour ronde, munie d'une guette en encorbellement, de ses anciens mâchicoulis ne subsiste plus qu'une rangée de corbeaux à triple ressauts dont le couronnement forme une sorte de collier décoratif, vestige de son passé.

LABORIE

D'une beauté austère comme le paysage environnant de ces marches du Cantal, le château de Laborie, du haut de son piton, semble toujours monter la garde sur les rives sauvages de la Cère. Du XIIIᵉ au XVIIIᵉ siècle, le fief est détenu par une famille auvergnate, les Grenier. Farouches catholiques, leurs descendants combattront les Protestants pendant les guerres de Religion. François de Grenier sera assassiné en 1574, lors d'une embuscade, son château sera pillé, sa femme et leur jeune fils seront obligés de fuir vers l'Auvergne paternelle. La Révolution confisque la

demeure à ses nouveaux propriétaires. Le XXᵉ siècle le transforme en logement de fonction pour les directeurs de l'usine hydraulique nouvellement installée sur la Cère, jusqu'à son acquisition, en 1974, par ses propriétaires actuels.

MATAU

Le petit manoir de Matau dresse ses deux tours à l'orée d'un hameau champêtre du Ségala qui faisait autrefois partie de la vicomté de Turenne. Le terroir, nommé alors Mas del Pech, est cité dans des actes dès le début du XVe siècle. Ce ne seront jamais que de modestes seigneurs qui se succéderont dans ces lieux retirés, dont les Matau qui y laisseront leur nom. Bâti au XVIe siècle, le logis est flanqué de deux tours, l'une ronde abritant l'escalier en vis, l'autre carrée.

BOSCAU

Bâti à proximité du majestueux château de Castelnau, le manoir de Boscau coule des jours paisibles dans son décor de verdure, à l'abri des vicissitudes diverses qui s'abattirent au cours des siècles sur son voisin prestigieux. Une famille del Bosc, dont sera issu, par les femmes, le grand maître de l'artillerie française de François Ier, Galiot de Génouillac, est présente sur les lieux du XIIe jusqu'à la fin du XVe siècle. Puis la demeure est ensuite octroyée par les différents barons de Castelnau à leurs maîtres d'hôtel successifs. Cette attribution systématique subsistera jusqu'à la Révolution. Construction massive, la demeure est composée d'un corps de logis chapeauté d'une toiture à la Mansart. Une grosse tour carrée flanque l'un des angles, tandis qu'une seconde tour carrée plus petite, renforcée par un puissant contrefort, cantonne l'angle opposé de la façade principale.

CASTELNAU

La plus importante forteresse du Quercy domine un paysage verdoyant et vallonné où serpentent quatre rivières dont la Dordogne. Les barons de Castelnau voisinaient sur leurs terres avec le vicomte de Turenne. Après avoir subit l'assaut, en 1159, de Richard II de Plantagenêt, la forteresse est épargnée par les aléas de la guerre de Cent Ans dans un pays qui ne le sera pas. Mais son emplacement stratégique et ses défenses multiples découragèrent sans doute toute tentative d'attaque. Restés constamment fidèles aux rois de France, les barons de Castelnau seront récompensés de leur loyauté par l'octroi de charges prestigieuses. Différentes branches de la lignée se succéderont dans les lieux jusqu'à la Révolution. Le château subit alors quelques dégradations. Mais c'est à partir de sa vente, en 1830, que l'édifice est en partie démantelé et devient lentement un ruine pathétique. Soixante ans plus tard, un enfant du pays, ténor à l'Opéra-Comique, Jean Mouliérat, en l'acquérant, le fera restaurer tel qu'il apparaît aujourd'hui. Classé monument historique depuis 1909, le château est devenu musée d'État depuis 1935.

CASTELNAU

LIMARGUE

À l'orée du village pittoresque d'Autoire, célèbre pour sa cascade et la beauté de son site, la silhouette romantique du manoir de Limargue pointe gracieusement le bout de ses tourelles. La tradition locale attribue l'élévation de ses murs à la générosité du roi de France Charles VIII, récompensant ainsi la bravoure d'un enfant du pays, le sieur Lafon, devenu chevalier grâce à son courage sur les champs de bataille. Au linteau de sa modeste demeure familiale, ce dernier fit graver son blason, une étoile. Classée monument historique depuis 1929, la haute tour ronde d'escalier, munie d'une tourelle en encorbellement, donne à l'édifice toute sa singularité.

LA ROQUE D'AUTOIRE

Plaquées contre les parois de la falaise, l'ocre de ses murailles se confondant avec la couleur de la roche, les ruines de l'ancienne forteresse troglodyte d'Autoire hissent encore leurs pierres dégradées vers le ciel. C'est probablement à la fin du XIIe siècle qu'une première roque est établie à cet endroit sauvage et stratégique par le baron de Castelnau-Gramat. Durant toute la période de la guerre de Cent Ans, la forteresse devient le repaire des compagnies anglaises, sous l'égide, notamment du capitaine Bernard de La Salle. Un regain d'activité pour la fortification naît pendant les guerres de Religion, quand des troupes huguenotes s'y réfugient. La Fronde, au XVIIe siècle voit la dernière « grande heure » des lieux, dont les moyens de défense sont alors renforcés sur ordre du vicomte de Turenne, participant actif aux complots et intrigues diverses de cette période trouble. Le silence, l'abandon et le démantèlement des pierres par les paysans des alentours investissent ensuite la fortification et la détruisent mieux que n'avaient pu le faire six siècles d'histoire conflictuelle. Les ruines sont classées monuments historiques depuis 1925.

PRESQUE

Ce beau château serti dans un vallon verdoyant a pu renaître de ses ruines grâce au courage et à la détermination de ses deux derniers propriétaires qui ont su lui redonner belle allure et parterres à la française. L'édifice, composé de deux ailes en équerre cantonnées par deux pavillons carrés et une tour ronde, est bâti sur l'un des plus ancien terroir recensé en Quercy au Xe siècle dans le cartulaire de Beaulieu. Puis une lignée de chevaliers, les Bonafos, dont l'un de membre participe à la Croisade de 1248, possède le fief pendant cinq siècles. En 1712, les Costa de Beaulieu achètent le domaine qu'ils garderont jusqu'en 1877. Après un long abandon qui altère considérablement son apparence, le château est acquis, en 1937, par Robert de Solignac, descendant lointain des Bonafos. C'est lui qui commencera d'entreprendre le sauvetage de la demeure qui est classée monument historique depuis 1944.

SAINT-LAURENT-LES-TOURS

Battus par les vents au sommet d'une colline parfaitement conique, les vestiges de l'ancien château de Saint-Céré dominent la ville et la vallée de la Bave dans cette contrée verdoyante du Haut-Quercy. En 1178 le comte d'Auvergne cède la châtellenie au vicomte de Turenne. La tour la plus petite date du XIIIe siècle. La seconde, dont la haute silhouette s'élève à 35 m du sol, date du XVe siècle. La forteresse est investie pendant la guerre de Cent Ans par des compagnies anglaises, puis les protestants, en 1575, la prendront d'assaut avant d'en être chassés par l'armée royale du duc de Mayenne. Mais le château ne se relèvera jamais entièrement du saccage. La vente, en 1738 de la vicomté de Turenne à Louis XV permet aux Noailles d'acquérir quelques années plus tard les droits sur Saint-Céré. La forteresse ruinée connaîtra différents propriétaires jusqu'en 1945. À ce moment-là, elle est achetée par le peintre Jean Lurçat qui est à l'origine du renouveau de la tapisserie française. Il y vivra jusqu'à sa mort en 1966. Depuis, le château est devenu un musée de ses œuvres. Il a été classé monument historique en 1988.

MONTAL

Montal est en Quercy un joyau rare, une légende et un miracle. Le château, dont la cour intérieure s'orne d'une des plus belles façade Renaissance qui soit, est l'œuvre de Jeanne de Montal dont la légende rapporte qu'elle attendit en vain le retour de son fils aîné Robert, parti guerroyer en Italie où il fut tué en 1523. Le désespoir maternel expliquerait l'omni-présence de la devise « Plus d'espoir » gravée à maints endroits de la demeure. Quant à l'existence encore et toujours remarquable de l'édifice, il est du au courage d'un mécène, Maurice Fenaille qui, au début du XXe siècle, rachète la pauvre chose ruinée qu'était devenu Montal. Cet homme pro-videntiel dépensera sa fortune et son énergie à récupérer aux quatre coins du monde les ornements sculptés des façades, les lucarnes, les portes et les cheminées des appartements qui avaient été démontés et vendus aux enchères en 1881. Pendant la Grande Guerre, le château est transformé en hôpi-tal et en 1940, après avoir servi de refuge aux princes de Belgique, ses murs abritent clandestinement certaines œuvres d'art du Louvre. En 1914, Maurice Fenaille avait fait don à l'état de la demeure, classée monument historique depuis 1909, sous réserve d'usufruit pour ses deux filles. Le château est ouvert au public.

GRUGNAC

L'allure austère de cet important château qui s'élève au milieu d'un parc boisé du Haut-Ségala reflète la vie rude menée par les habitants de cette contrée montagneuse des marches de l'Auvergne. Le terroir est cité dans une reconnaissance féodale du XVe siècle. Il est alors la propriété des Narbonnès qui, au siècle suivant le vendront à un notaire de Sousceyrac. En 1790 le domaine revient par héritage à un ancien officier du roi, Louis de Verdal, dont les descendants occupent toujours les lieux. Classé monument historique depuis 1944, l'édifice est cantonné sur sa façade orientale par deux grosses tours circulaires. Au milieu de sa façade occidentale, une tour ronde d'escalier fait saillie, sans autre ouverture qu'une porte encadrée de pilastres et surmontée d'un fronton triangulaire orné de boules, datant du XVIIe siècle. Un important chemin de ronde à mâchicoulis parfaitement conservé couronne l'ensemble de la demeure.

AYNAC

Édifice important autant qu'élégant, le château — et avant lui le fief — fut le berceau d'une branche bâtarde des vicomte de Turenne ouverte au XIVᵉ siècle par Hector, comte d'Alès, fils de Raymond-Roger de Beaufort. Quatre tours rondes coiffées par une toiture « à l'impériale » et une haute tour carrée munie d'une tourelle ornent les deux corps de logis du bâtiment. Ce dernier serait l'œuvre de Jaquette Ricard de Génouillac, épouse de l'un des seigneurs Turenne-Aynac à la fin du XVᵉ siècle. À la Révolution, le château subit l'attaque de bandes armées qui mettront le feu à son orangerie et à ses archives. Après avoir donné un général d'empire qui sera fait pair de France sous la Restauration, la famille de Turenne-Aynac s'éteint quand la princesse Élisabeth de Wagram, fille du maréchal Berthier, devenue l'épouse du vicomte Étienne-Guy, ne lui donne que deux filles. L'une d'elle, Louise, convolera en premières noces avec Raymond de Toulouse-Lautrec, neveu du peintre. En 1937, en proie à des difficultés financières, elle vend le domaine qui connaîtra différents propriétaires avant d'être racheté par la commune en 1973.

LACAPELLE-MARIVAL

L'imposante silhouette du château domine le petit bourg de Lacapelle-Marival. Autrefois possession d'une branche des Cardaillac, le lieu était fortifié. Pendant les guerres de Religion le village connu l'occupation passagère de troupes protestantes. Les Cardaillac-Lacapelle resteront toujours catholiques et fidèles sujets du roi de France. L'un des leurs, François, trouvera la mort, en 1622, dans un combat contre les Huguenots. Louis XIV érigea la seigneurie en marquisat. Pendant la Révolution, le château, devenu depuis 1732 la propriété d'une nouvelle famille qui se rendit fort impopulaire par son comportement et ses prélèvements fiscaux, fut pillé de fond en comble. Il ne s'en relèvera jamais entièrement, et, après avoir connu vicissitudes et abandon, il est devenu, depuis quelques années, propriété de la commune. Celle-ci ouvre ses portes chaque été aux visiteurs pour des expositions d'artistes locaux. En 1939, il avait été classé monument historique.

ROUMÉGOUX

Ce charmant et typique manoir quercynois s'élève sur des terres citées dès le Xᵉ siècle dans le cartulaire de Cahors. Elles sont données au prieuré d'Albiac par Ranulphe de Castelnau. Les lieux connaîtront différents propriétaires, représentants d'une classe bourgeoise aisée parvenus à s'intégrer à la noblesse grâce à l'achat de fiefs et de rentes. Le manoir sera l'objet de la révolte paysanne pendant la Révolution, mais le début d'incendie qu'elle provoque sera rapidement maîtrisé. Une grosse tour carrée fait saillie sur la façade principale tandis qu'une tourelle en encorbellement flanque l'angle arrière de la construction. Un beau portail couvert donne accès à la cour close par un muret de pierres sèches.

LOUPIAC

Belle demeure restaurée avec soin par ses propriétaires actuels, Loupiac se dresse à l'orée d'un village ayant appartenu à la baronnie de Belcastel depuis le XIVe siècle. Par héritage, le fief sera transmis à différentes familles jusqu'en 1539, puis vendu à plusieurs reprises au cours des siècles. Une profonde restauration du bâtiment est entreprise vers 1830, qui supprime notamment les cheminées originelles, ainsi que les meneaux des ouvertures. Ceux-ci seront réintroduits récemment. Une tour d'escalier ronde s'élève à l'intérieur de l'angle formé par les deux ailes en retour d'équerre que forme le logis.

PECH-RIGAL

Ancienne borie citée en 1354, Pech-Rigal devint, au fil du temps, un vénérable château que l'abandon des hommes plonge, depuis quelques décennies, dans un état désolant. Bâti dans le courant du XVIᵉ siècle au sommet d'une colline boisée de la Bourianne, il appartint à différentes familles issues de la magistrature gourdonnaise, avant de connaître une gloire éphémère, dans la seconde moitié du XXᵉ siècle, lorsque le chanteur Léo Ferré s'y installa quelques années. Le plan épouse la forme d'un quadrilatère fermé sur une cour intérieure à laquelle on accède par un porche surmonté d'une bretèche. Une tour ronde d'escalier orne la façade principale. Deux autres tours rondes flanquent les angles du corps de logis principal tandis qu'un pavillon carré cantonne l'enceinte sur son angle sud-ouest.

PEYRILLES

Juché sur un éperon rocheux qui domine le village, le château de Peyrilles s'élève là où vécut une famille de chevaliers portant ce nom, branche cadette des Gourdon, mentionnée dans le cartulaire d'Obazine au XIᵉ siècle. Le fief et le château sont octroyés à Richard Cœur-de-Lion lors du traité d'Issoudun en 1195. Les Gourdon allaient entrer en rébellion ouverte et sanglante contre cette décision. Des légendes circuleront à travers les âges, glorifiant la résistance et le courage de cette attitude, attribuant à Bertrand de Gourdon le coup de lance fatal qui tua Richard Cœur-de-Lion en 1199… À défaut de véracité, l'histoire a le mérite d'être exaltante… Après avoir connu, au fil du temps, différents seigneurs et quelques remaniements, le château est acheté par la commune dans la seconde moitié du XIXᵉ siècle. Une partie du bâtiment devient alors le presbytère.

CAZALS

Au Moyen Âge trois familles se partagent la seigneurie de Cazals : les Cazals, les Guerre et les Bonafos.
Ces derniers épousent la cause cathare et restent
fidèles au comte de Toulouse. La punition royale est
sans clémence : leurs biens sont confisqués et Simon
de Montfort s'approprie la seigneurie de Cazals. Au
siècle suivant, la guerre de Cent Ans fera des ravages
dans ce fief qui passe sous domination anglaise. La
paix enfin signée, Cazals revient dans le giron du roi
de France en 1442. Les Vielcastel, nouveaux seigneurs des lieux, sont sans doute les constructeurs du
château. Ils perdurent dans la place jusqu'à la

Révolution. Charles de Vielcastel, après avoir servi Louis XVI, émigre à l'étranger où il rejoint l'armée du duc de Bourbon. Il deviendra, sous l'Empire, chambellan de l'impératrice Joséphine. En
1814, il sera l'un des rares aristocrates à se rendre à Fontainebleau pour faire ses adieux à Napoléon.

MONTCLÉRA

En 1334, les terres de Montcléra sont offertes à Arnaud de Commarque pour services rendus, par le duc de Normandie, futur Jean Le Bon. Huissier pontifical, Arnaud lègue son bien à son neveu Amalvin de Gironde. Cette vieille famille, qui accède au marquisat en 1616, reste dans la place jusqu'au milieu du XIX⁰ siècle, date à laquelle le château est vendu aux aïeux des propriétaires actuels. Imposant édifice, Montcléra fut bâti au XV⁰ siècle. Un châtelet couronné de mâchicoulis autorise l'accès à la cour intérieure. Malgré quelques remaniements, le château conserve une allure remarquable qui diffuse un charme prégnant sur les lieux. Il est classé monument historique depuis 1929.

LES JUNIES

Classé monument historique depuis 1925, le château des Junies dresse sa silhouette massive à l'orée d'un petit village dont le nom est dérivé du patronyme des seigneurs qui le détenaient au XIVe siècle : les Jean. Ceux-ci sont issus d'une importante famille de banquiers caorsins qui posséda un grand nombre de biens, repaires, fiefs, rentes et demeures. Pendant la guerre de Cent Ans, Bertrand de Jean se rangera au côté des Anglais, semant le trouble et la mort en compagnie de son beau-frère Amalvin de Pestilhac. Devenu brièvement la propriété du comte d'Armagnac, le fief est ensuite vendu aux Morlhon, puis, par alliance, passe, au XVIe siècle, à la famille Touchebœuf-Beaumont qui le possédera jusque sous la Restauration. Entre-temps, les révolutionnaires avaient endommagé l'édifice, arasé les tours, et brûlé les archives : titres et terriers disparaissent ainsi en fumée là comme ailleurs, supprimant définitivement la possibilité de connaître l'histoire précise des lieux.

CRABILHÉ

Ce manoir, à la fois élégant dans ses lignes et sobre dans ses proportions, fut élevé, au début du XIXᵉ siècle, sur l'emplacement d'un ancien mas, par Antoinette Bonnafous née Murat. Elle était la sœur du général d'Empire Joachim Murat, devenu, par la grâce de son beau-frère Napoléon, roi de Naples. Originaire d'un village lotois, Murat prodigua ses largesses à la famille restée au pays. Caroline Bonaparte, sa femme, et plusieurs de ses amis passeront à Crabilhé, donnant des fêtes et dispensant une gaîté qui animeront les murs et la société rurale des lieux. Malheureusement les jours fastes seront brefs, et la demeure est ensuite abandonnée à un triste sort. Transformée par de nouveaux propriétaires en exploitation agricole, le manoir devient progressivement une ruine jusqu'à son rachat, en 1961, par son hôte actuel. Inscrit à l'Inventaire supplémentaire des Monuments historiques en 1993, l'édifice a recouvré avec bonheur son allure et tout son charme.

ROUSSILLON

ROUSSILLON

La forteresse dresse les vestiges de ses tours aux portes de Cahors, pathétique silhouette déchiquetée sur un éperon rocheux dont elle épouse le contour. Bâti, détruit, reconstruit, maintes fois remanié au fil du temps, l'édifice date principalement du XVe siècle. Les Vayrols, puis les d'Auriole, enfin les Gontaud furent ses seigneurs successifs, avant qu'il subisse une longue période décadente commencée lors de sa vente au siècle dernier. Le courage, la ténacité et l'amour des vieilles pierres d'un couple tombé sous le charme du lieu en 1958, relèveront peu à peu le château de ses ruines. Tel qu'il surgit, entre deux lacets de la route, vision mélancolique et solitaire, il diffuse le regret poignant de ce qui a été et ne sera jamais plus.

THÉGRA

Planté au centre d'un village dont il porte le nom, le château donne au lieu tout son charme. Construit vers 1450 à l'emplacement d'un édifice précédent que les ravages de la guerre de Cent Ans avaient détruit, le château, dû à la volonté des seigneurs de Valon, élève ses tours rondes alors munies de mâchicoulis, à l'intérieure d'une double enceinte aujourd'hui disparue. Pendant les guerres de Religion, Thégra va subir plus qu'à son tour les exactions des armées protestantes. En

1574, Jeanne de Valon, seigneuresse des lieux, perd son mari, tué par Antoine de Malleville, chef d'une bande armée huguenote. Contrainte par la force d'épouser l'assassin, elle connaîtra quelques années plus tard semblable mésaventure après le meurtre de Malleville par Pierre Lagrange. Au XVIIe siècle, la demeure est profondément remaniée par son nouveau propriétaire, telle qu'on peut toujours l'admirer.

LABASTIDE-MURAT

Demeure d'Empire par excellence, le château est élevé sur ordre de Joachim Murat, général glorieux de Napoléon et enfant du pays. Beau-frère de l'empereur depuis son mariage avec Caroline, Murat, qui connaîtra une fin tragique, fusillé en 1815 à Naples où il tentait de reconquérir le trône que lui avait offert Napoléon, avait fait entreprendre la construction de cette belle demeure dès 1807. Il la destinait à sa mère qui mourut avant le premier coup de pioche. André, son frère, devint alors le bénéficiaire des largesses fraternelles. Ses descendants occupent toujours ces lieux dont la décoration originelle a été pieusement conservée. Le parc magnifique et l'édifice ont été successivement classés en 1991 et 1992.

VAILLAC

La haute, puissante et magnifique silhouette du château de Vaillac illumine le village du même nom et les bois alentours de sa présence tutélaire. Dressé sur une vaste plate-forme dominante, ceint d'une muraille flanquée de trois tours rondes et d'un châtelet, l'édifice date du XVe siècle. À côté du logis seigneurial un bâtiment aussi somptueux qu'imposant est construit en 1593, reliant entre-elles deux tours de l'enceinte. Ce sont les écuries, destinées, dit-on, à contenir plusieurs centaines de chevaux. Il ne subsiste rien de la décoration intérieure du château à part le vestige d'une fort curieuse peinture murale représentant le roi des Rats prenant d'assaut une forteresse… La Révolution a sensiblement dégradé l'aspect originel de l'édifice en arasant quatre des cinq tours et en démolissant le troisième étage. C'est une branche des barons de Gourdon, les Gourdon-Génouilhac-Vaillac qui seront les seigneurs du lieu jusqu'au XVIIIe siècle, avant l'arrivée d'un président à mortier du parlement de Toulouse : Jean-François Tournier. Par alliance, le château deviendra par la suite la propriété de la famille d'Antin. Il est classé monument historique en 1958.

ASSIER

ASSIER

Dans sa chronique « La vie des grands capitaines », Brantôme célèbre en termes admiratifs le château d'Assier, propriété de Galiot de Génouillac, maître d'artillerie de François Ier : « la plus superbe maison qu'on scaurait voir… la mieux meublée de France… » Les siècles et les hommes sont passés par là : Assier n'est plus qu'une demeure ruinée que l'État a classée en 1901, sauvant in extrémis les vestiges d'une disparition totale. Bâti par Galiot à partir de 1526 sur l'emplacement d'un ancien repaire hérité de sa mère, l'édifice était un modèle de l'art de la Renaissance, tant par son architecture que par sa décoration intérieure. Devenu, à la mort de Galiot, la possession de sa fille Jeanne, alors veuve de Charles de Crussol d'Uzès, le château passera à ses descendants, familiers de la cour plus que des joies champêtres du lointain Quercy… Ceux-ci, toujours à court d'argent, vendront les matériaux en 1768, puis le château en 1786, à un avocat dont la famille laissera les lieux à l'abandon. La devise de Galiot : « J'aime fortune », court le long des murs, ultime ironie d'un destin oublié.

CABRERETS

Dominant le village serré sur la rive droite du Célé, la silhouette imposante du château émerge de son environnement verdoyant. Bâti au sommet d'un éperon rocheux, il succède dans les lieux à une « roque », sorte de château troglodyte dont le modèle est très répandu en Quercy, et dont on aperçoit encore la ruine à la sortie de Cabrerets. Les Barasc, puis un rameau des Cardaillac, enfin les Gontaud- d'Auriole, qui fondent la lignée des Gontaud-Cabrerets furent les seigneurs successifs du fief avant que n'arrivent, par héritage, les Gontaud-Biron, au XVIIIᵉ siècle. La guillotine de la Révolution en tranchant la tête d'Armand-Louis de Gontaud-Biron et de sa femme Amélie de Boufflers, met un terme à l'histoire des seigneurs de Cabrerets dont la demeure avait été considérablement endommagée par la fureur populaire. Devenu vers 1850 propriété d'un descendant du général d'Empire Murat, le château, classé monument historique en 1925, abritera de longues années les découvertes préhistoriques de la grotte de Pech-Merle située non loin de là, avant l'ouverture du musée actuel sur le site.

SAINT-CIRQ-LAPOPIE

SAINT-CIRQ-LAPOPIE

Saint-Cirq-Lapopie apparut comme une « rose impossible dans la nuit » à André Breton, en 1950, au hasard d'un voyage qui détermina le reste de sa vie, le village n'a rien perdu de son charme prégnant. Juché au sommet d'un piton rocheux surplombant les rives du Lot, ses maisons à colombages, anciennes demeures des chevaliers ou « milites castri » s'agglutinent toujours les unes contre les autres le long de ruelles étroites et montantes. Ancien fief édifié vers le Xe siècle, trois familles se sont partagées les droits et les terres : les La Popie, les Gourdon et les Cardaillac. Puis les Saint-Sulpice succéderont par alliance aux premiers. Des châteaux de ces familles, qui s'étageaient au sommet du pic rocheux, ne subsistent plus que des ruines. La guerre de Cent Ans, les guerres de Religion, la Fronde et la modernité de notre siècle ont eut raison du lieu peu à peu déserté par sa population. Le manoir de La Gardette et celui de La Valette, abritant l'un un musée des arts océaniens, l'autre un musée des peintres de l'époque surréaliste, sont ouverts au public durant l'été. Le site est classé monument historique depuis 1940.

SAINT-DAU

Édifié au XVIᵉ siècle, remanié au XVIIIᵉ, et fortement restauré à la fin du XIXᵉ, le château de Saint-Dau, dont le nom s'orthographie de nos jours Ceint-d'Eau, domine la vallée du Célé dans un écrin de verdure en aval de Figeac. Différents seigneurs se succéderont dans la place, dont les Cayron, les Boisset de La Salle, puis le château passe entre les mains de la bourgeoisie figeacoise. Il est classé à l'Inventaire supplémentaire des monuments historiques depuis 1925.

PUY-LAUNAY

Dressé dans un océan de verdure aux marches du Cantal, le château de Puy-Launay déploie son architecture austère et puissante depuis la seconde moitié du XVᵉ siècle sur des terres qui étaient l'apanage des abbés d'Aurillac. Ses seigneurs sont alors les Narbonnès, famille qui se caractérisera par d'interminables querelles intestines jusqu'à la mort sans postérité de Jean de Narbonnès en 1602. Le remariage de sa veuve apporte dans la place la famille de Lostange qui, face aux procès engagés par les enfants Narbonnès s'incline et cède la demeure à un descendant de ces derniers. Tant d'acharnement pour garder le domaine se

solde pourtant rapidement par sa vente en 1658. Les Dumas, les Bournazel, les Durfort-Boissières succèdent ensuite, par alliance ou héritage. Après la Révolution qui arase les tours de l'édifice, le domaine de 110 hectares est morcelé par un avoué de Millau, et le château acquis en 1834 par les aïeux des propriétaires actuels. Il est classé monument historique depuis 1989.

BÉDUER

Bâti au sommet du village du même nom, la silhouette imposante du château de Béduer est visible
de loin dans le paysage champêtre des abords de Figeac où commence la sinueuse vallée du Célé.
Dans les temps médiévaux, les terres de Béduer sont alors la propriété des Barasc, vieille et puissante lignée de chevaliers, dont certains participeront aux Croisades, et dont la fidélité au roi de
France sera sans faille. En 1555, Jean de Narbonnès arrive dans les lieux. Sa veuve, en se remariant
au marquis de Lostange, fera ensuite entrer cette nouvelle famille à Béduer pour deux siècles. Henri
de Lostange sera, à la veille de la Révolution, le dernier gouverneur et sénéchal du Quercy. En 1874,
les Colrat de Montrozier achètent la demeure qui est revendue en 1939 à l'écrivain Jean Voilier, amie
de Paul Valéry. Depuis 1985, son nouveau propriétaire a ouvert les portes du château (classé en
1973), aux artistes et aux vacanciers.

LE ROC

Si le château du Roc est de nos jours l'image même de la quiétu-
de et de la beauté que l'élégance de son étang romantique ren-
force s'il en était besoin, il connut jadis les épisodes sombres et
sanglants de l'Histoire. Dominant le pittoresque village de Fons,
élevé au XVIᵉ siècle par une lignée de marchands ayant accédé à
la dignité de gentilshommes, le château subit les péripéties violentes des guerres de Religion. François de Cardaillac, puissant
seigneur de la contrée, trouvera la mort sous ses murs en 1622,
lors d'une escarmouche menée par le duc de Sully. La Révolution
sèmera le désordre dans la place, par trois fois l'édifice sera l'objet de la vindicte paysanne : il perdra une tour, ses mâchicoulis
seront démantelés, et, en 1794 ses deux tours rescapées seront
arasées. Restauré au siècle suivant, enrichi d'un somptueux bâtiment destiné à abriter les écuries, le château du Roc, ainsi que ses
bassins, nymphées, et son étang, sont inscrits à l'Inventaire supplémentaire des monuments historiques depuis 1972.

LARROQUE-TOIRAC

Adossé aux falaises abruptes, surplombant le village, la silhouette élancée et gracieuse du château de Larroque-Toirac se détache des parois claires dans un grand élan de pierres. Une famille de La Roque, chevaliers de la mouvance des Cardaillac, en furent les seigneurs jusqu'en 1546. Puis les d'Hugols, les Pontanier de Saulon, les Dufau se succéderont dans la place. Pendant la Révolution le château, qui avait perdu son aspect défensif lors d'une campagne d'aménagement entreprise au XVIIᵉ siècle, subit différents dommages, notamment la destruction de la grosse tour pentagonale dont on peut voir le vestige. Transformé un temps en école communale, l'édifice, passablement détérioré, est acquis en 1923 par un magistrat qui va entreprendre patiemment sa restauration et obtenir son classement à l'Inventaire supplémentaire des monuments historiques en 1926.

LA COSTE

Le château domine le village de Grézels. Sa masse imposante juchée sur un plateau rocheux que se disputent les arbres et les vignes, se détache fièrement dans le paysage champêtre de la basse vallée du Lot. Dès le XIIIe siècle un premier repaire est mentionné appartenant déjà à la famille Guiscard qui tiendra la place jusqu'en 1767. Jean de Guiscard fera reconstruire le château au début du XVIIe siècle, après les guerres de Religion qui avaient réduits l'édifice à l'état de ruines. Devenu, par alliance, le bien des Durfort-Boissières, lesquels émigrent pendant la Révolution, La Coste est alors confisqué, et vendu aux enchères. Commence alors la longue déchéance des lieux laissés à l'abandon par différents propriétaires. C'est seulement en 1960 qu'un banquier parisien entreprend la restauration de l'édifice tel que nous pouvons l'admirer aujourd'hui, et obtient son classement. A la mort de ce dernier, et après quelques ultimes mésaventures, La Coste est acquis en 1983 par ses hôtes actuels, qui font revivre chaque été ses vieux murs grâce à des manifestations artistiques.

LE THÉRON

À l'origine une véritable petite forteresse dominant les coteaux de la vallée du Lot, Le Théron n'est plus, de nos jours, qu'un modeste édifice au milieu de champs de vignes. Différentes périodes de constructions ont laissé quelques vestiges encore visibles qu'on peut dater du XIIIe et XVe siècle. Des familles seigneuriales locales se sont succédées dans la place, tels les Valgaudour, les du Tilhet, les Barbuzon, puis, au XVIIIe siècle, par héritage, Jean-Jacques le Franc de Pompignan qui connu quelque gloire à la cour comme auteur dramatique. Mais l'ancien ami de Voltaire, devenu l'ennemi des encyclopédistes, préféra toujours résider en son château de Caïx. Le Théron sera vendu peu avant la Révolution. Puis confisqué par celle-ci, il connaîtra ensuite le pillage et le démantèlement partiel de ses vieilles pierres qui seront largement utilisées dans la constructions des maisons environnantes. Restauré en 1970, il a été classé en 1973.

LA GRÉZETTE

Planté au milieu d'un vignoble reconstitué par son propriétaire actuel, le château de La Grezette est l'un des plus beaux exemples d'ornementation Renaissance existant en Quercy. La porte d'entrée et les ouvertures sont richement décorées de sculptures où voisinent des motifs végétaux avec un bestiaire fantastique. L'édifice est bâti au cours du XVIe siècle, par la famille Massaut. Un pigeonnier quadrangulaire, dressé sur six colonnes monolithes, date du XVIIIe siècle. À cette époque, la demeure est devenue, par alliance, la propriété du général d'empire Jean-Jacques Ambert. Ses descendants vendront La Grezette dans la seconde moitié du XIXe siècle. C'est dans un état de décrépitude avancée que le château est acquis, en 1980, par son hôte actuel qui s'emploie, depuis lors à lui redonner son faste d'antan. Depuis 1982, l'édifice est classé monument historique.

CAÏX

Gracieux et romantique, le château de Caïx s'élève au milieu des champs de vignes, non loin des rives du Lot, dans un paysage bucolique que chante, au XVIIIᵉ siècle, son seigneur et poète Jean-Jacques Lefranc de Pompignan. Auteur dramatique reçu à la cour, mais esprit frondeur, il s'attire les foudres de Louis XV à la suite de violentes diatribes contre le prélèvement des impôts. Un temps exilé, il rentre en grâce et se querelle alors avec les encyclopédistes, ce qui le brouille définitivement avec Voltaire, Diderot et d'Alembert. Époux de Félicité de Caulaincourt, petite-fille du grand Sully, il fut aussi le père naturel d'Olympe de Gouges, guillotinée sous la Terreur malgré son engagement auprès des révolutionnaires. Retiré dans ses terres, Lefranc passera le reste de sa vie entre son château de Caïx et celui de Pompignan où il meurt en 1784. Le réaménagement de la demeure, en 1745, est dû à ses soins. Celle-ci est depuis 1974 la propriété de la famille royale de Danemark.

MERCUÈS

« Du château de Mercuès, on voit monter vers soi l'Histoire. » écrivit le général de Gaulle lors de son séjour dans les lieux, en 1951. Dominant le paysage vallonné, les méandres du Lot et le passé des hommes, l'ancienne demeure des évêques de Cahors fut, en effet, au première loge de l'histoire du Quercy. Un premier château se dressait déjà au XIIIᵉ siècle, quand Guillaume de Cardaillac était à la tête de l'évêché. Maintes fois pris d'assaut et occupé durant la guerre de Cent Ans, Mercuès sera de nouveau la proie des exactions pendant les guerres de Religion. Pillée, brûlée, la forteresse sera ensuite relevée de ses ruines et transformée en demeure de plaisance pour les ecclésiastiques. Alain de Solminihac, évêque de Cahors de 1636 à 1659 y séjourna fréquemment. Remanié et embelli au XVIIIᵉ siècle, Mercuès est vendu comme Bien national par le Comité Révolutionnaire. Une longue série de propriétaires, dont certains seront issus du clergé cadurcien, se succéderont ensuite dans la place Depuis quelques années, l'édifice, classé monument historique en 1947, abrite un hôtel « Relais et Château », et est le siège d'un vignoble réputé de vin de Cahors.

POLMINHAC

Mentionnée dès 1237, l'insolite château de Polminhac est en fait une ancienne « borie » comme il en exista de nombreuses dans les environs de Cahors. Domaines agricoles, résidences secondaires souvent fortifiées, ces demeures étaient la possession de familles roturières assimilées progressivement à l'aristocratie locale. Polminhac fut entre les mains d'une riche lignée de banquiers caorsins, les Jean. Les barons de Gourdon en sont ensuite les détenteurs jusqu'au mariage, en 1607, de leur descendante avec Antoine-Jean de Fontanges. Édifié selon un plan circulaire, le château, classé en 1963, a conservé son donjon central datant du XIII siècle, percé d'une baie géminée. Les ouvertures des corps de logis ont été remaniées ou introduites au XVIII siècle.

CHARRY

La clarté lumineuse des façades du château de Charry irradie l'îlot boisé d'où il émerge. Son architecture épurée lui confère une élégance à nulle autre pareille dans cette région aride et austère du Quercy Blanc. C'est pourtant une fort modeste lignée militaire qui est à l'origine de la demeure, dont un seul de ses membres connaîtra une gloire éphémère. Laurent de Charry, né au château en 1530, est un brillant soldat au service du roi, qui s'illustre dans les guerres d'Italie. Remarqué par Catherine de Médicis, il est alors chargé de fonder la Garde Royale. En 1563, il meurt assassiné sur le pont Saint-Michel, à Paris, sur ordre du protestant Dandelot, frère de Coligny, victime de son dévouement inébranlable à la Reine mère. Celle-ci le fera inhumer dans le chœur de Notre-Dame, au côté du duc de Guise. La famille de Charry s'enfoncera ensuite dans l'anonymat et la misère, commune à une nombreuse partie de la noblesse rurale. Le château sera peu à peu laissé dans un tel abandon que c'est réduit à l'état de ruine qu'il est acquis et sauvé du désastre dans la seconde moitié du XXᵉ siècle. L'édifice est inscrit à l'Inventaire supplémentaire des monuments historiques depuis 1976.

MARCILLAC

Malgré les dégâts importants subis sous la Révolution, l'architecture mouvementée du château de Marcillac donne encore une idée de son ancienne grandeur. Bâti au sommet d'un éperon rocheux dominant le paysage vallonné des alentours, l'édifice porte avec élégance les stigmates de sa déchéance. Il a néanmoins conservé quelques vestiges des heures fastes de son passé, notamment un somptueux escalier à rampes droites datant du XVIIe siècle, aux arcades et aux chapiteaux délicatement ciselés de motifs floraux et géométriques. Différentes familles se sont succédées dans la place, mais ce sont les Cruzy, présents de 1565 à la seconde moitié du XVIIe qui donneront tout son éclat à la demeure. À partir de la Révolution, Marcillac connaîtra pillages, démantèlements partiels et abandon jusqu'à son rachat en 1976 par sa propriétaire actuelle. Cette dernière organise chaque été entre les murs, inscrits à l'Inventaire supplémentaire des monuments historiques en 1977, un festival de musique classique.

LASTOURS

Le sobre château de Lastours renaît des cendres dont il était recouvert depuis un siècle, grâce aux soins et au courage de son actuel propriétaire. Réduit à l'état de ferme depuis 1854, l'édifice avait amplement souffert de dégradations multiples, dont l'écroulement de la tour carrée sud n'en est que l'exemple le plus frappant. Bâti au XVIIᵉ siècle dans un style épuré, il a conservé les vestiges de ses remparts édifiés au XVIᵉ siècle. Après avoir appartenu à la famille de Rozet qui compta un sénéchal du Quercy, le fief était passé dans les mains des barons de Luzech. Restée fidèle au roi de France pendant les guerres de Religion, la lignée s'éteint en 1600. Commence alors un long procès entre les héritiers, qui attribuera Lastours à la famille de Verhnes, originaire du Rouergue. En 1784, les Puniet le recevront en héritage. L'édifice est inscrit à l'Inventaire supplémentaire des monuments historiques depuis 1993.

CIEURAC

Les ouvertures, croisées à double traverses munies de culot sculptés, la porte à moulures prismatiques qu'encadrent deux pinacles, adoucissent l'allure austère de l'édifice. Celui-ci faillit disparaître à jamais, victime de l'indifférence des hommes quand ce n'était pas de leur acharnement à le détruire. En partie brûlé en 1944 par les soldats de la division « das Reich », de sinistre mémoire, il devenait chaque jour un peu plus la « ruine d'une ruine » jusqu'à son achat, en 1974, par ses propriétaires actuels. Il avait été édifié à la fin du XVe siècle par une branche des Cardaillac, puis était passé, par alliance à la famille Godhail. Le dernier baron de Cieurac, Pierre-Jacques de Godhail sera guillotiné à Paris pendant la Révolution, et ses biens, dont Cieurac, dispersés aux enchères.

MARSA

Mélancolique et austère, tel est Marsa qui semble un grand vaisseau noyé au milieu d'un paysage bucolique et verdoyant. Il porte le nom de ses anciens seigneurs, présents dès le XIIIe siècle, ainsi que l'atteste le cartulaire des templiers de Lacapelle-Livron. Lignée de modestes chevaliers, les Marsa occuperont les lieux jusqu'au XVIIe siècle. Le château passe alors à un lointain parent Emmanuel de Lagardelle. L'édifice, imposant autant qu'insolite, est composé de deux corps de logis carrés reliés entre eux ultérieurement par un

logis rectangulaire. Celui-ci comporte, à chaque niveau, une longue galerie percée d'ouvertures en vis-à-vis, dont les murs intérieurs conservent quelques vestiges d'un décor mural polychrome.

CÉNEVIÈRES

CÉNEVIÈRES

Planté sur un pic rocheux dominant les eaux du Lot, le château de Cénevières a toujours fière allure et grande beauté. Ancien fief des barons de Gourdon du XIIe siècle à l'aube du XVIIe, l'édifice fut le témoin de tous les soubresauts de l'histoire mouvementée du Quercy. La guerre de Cent Ans, plus encore les guerres de Religion n'épargnèrent pas ces lieux dont les seigneurs avaient épousé la cause protestante. La famille de La Tour du Pin hérita de Cénevières en 1616. Elle garda son bien jusqu'à la Révolution qui fit monter sur l'échafaud, en 1794, Jean-Frédéric de La Tour du Pin, ancien ministre de la Guerre de Louis XVI. L'année précédente, le château avait été vendu à un banquier, député du Tiers-État, M. Naurissart. Ses descendants occupent toujours la demeure, aujourd'hui ouverte au public.

COUANAC

Dans la solitude sauvage et souriante du causse de Limogne surgit comme par enchantement, le château de Couanac, ancienne propriété des seigneurs Hébrard de Saint-Sulpice, qui connurent leur heure de gloire au XVIe siècle. Régnait alors dans les lieux Jean de Saint-Sulpice, ambassadeur du roi, membre du conseil privé de Catherine de Médicis, qui délaissait parfois sa forteresse de Saint-Sulpice, aujourd'hui réduite à l'état de ruine, pour jouir de la paix et de la beauté en son domaine de Couanac. A sa mort, ses biens échouent à la famille de Crussol d'Uzès. Plus habitués au confort de la Cour qu'à celui, tout relatif, des demeures provinciales, les Crussol se désintéresseront totalement de leurs terres quercynoises. Couanac passera entre plusieurs mains avant d'être acquis, au siècle dernier, par les ancêtres des propriétaires actuels. Ces derniers ont, avec bonheur, aménagé les anciennes maisons des communs en gîtes ruraux d'un grand raffinement.

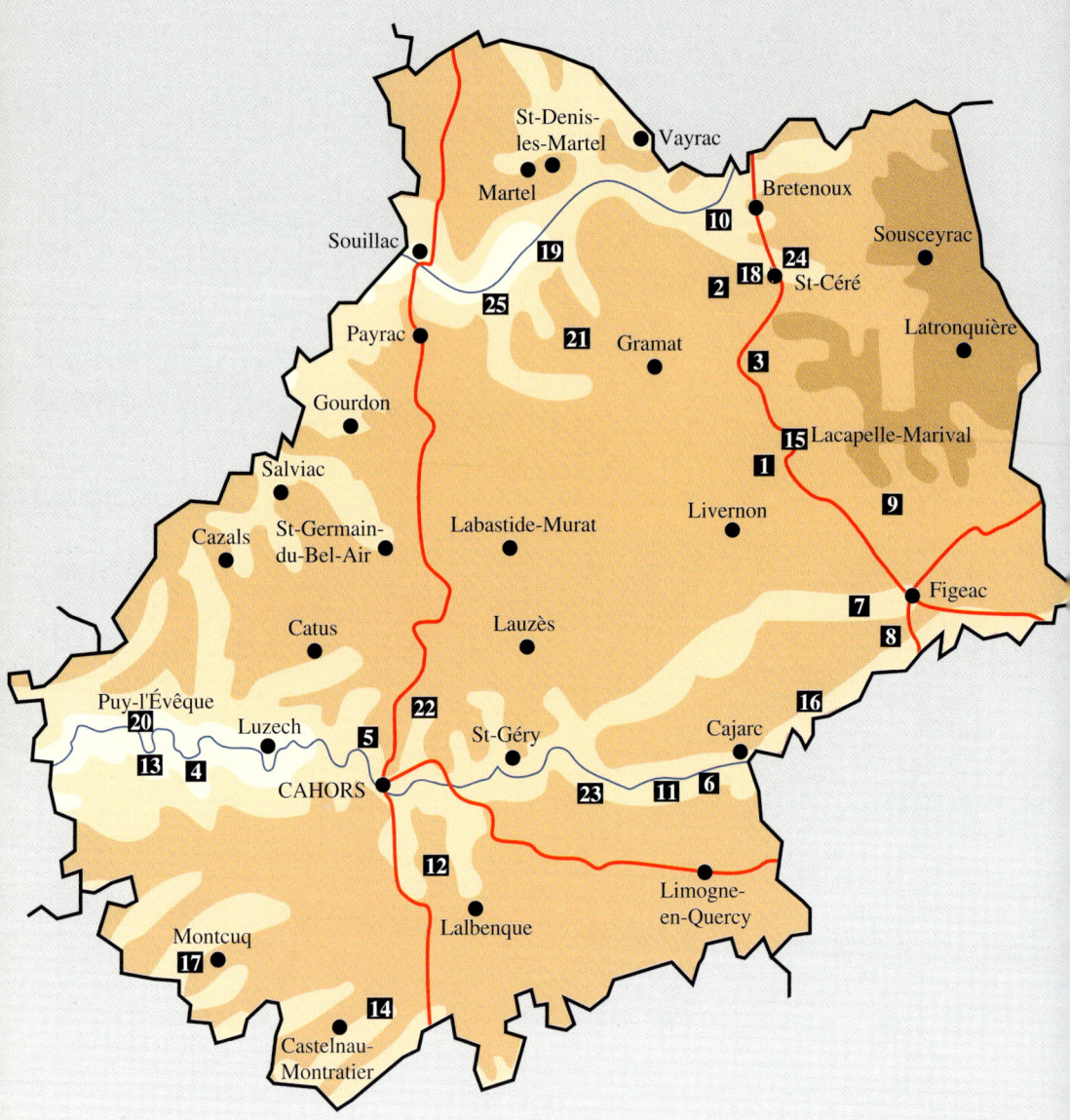

St-Denis-
les-Martel
Vayrac
Martel
Bretenoux
Souillac
10
Sousceyrac
19
24
18
St-Céré
25
2
Payrac
21
Gramat
3
Latronquière
Gourdon
15
Lacapelle-Marival
1
Salviac
Livernon
9
Cazals
St-Germain-
du-Bel-Air
Labastide-Murat
Catus
Lauzès
7
Figeac
8
16
Puy-l'Évêque
22
20
Luzech
5
St-Géry
Cajarc
6
13
4
CAHORS
23
11
12
Montcuq
Limogne-
en-Quercy
17
Lalbenque
14
Castelnau-
Montratier

LES CHÂTEAUX OUVERTS AU PUBLIC

1 - ASSIER
Assier
Visite libre ou guidée (int./ext.) toute l'année, fermé certains jours fériés et le mardi (sauf en juillet et août)
05.65.40.40.99

2 - AUTOIRE
Autoire
Accès libre aux extérieurs toute l'année.
05.65.38.05.26

3 - AYNAC
Aynac
Accès libre aux extérieurs toute l'année.
05.65.38.93.36

4 - BÉLAYE
Bélaye
Accès libre aux extérieurs toute l'année.

5 - LES BOUYSSES
Mercuès
Visite guidée (int./ext.) toute l'année, de préférence sur rendez-vous de décembre à mars. Expositions.
05.65.30.91.85

6 - CALVIGNAC
Calvignac
Accès libre aux extérieurs toute l'année.

7 - CAMBOULIT
Camboulit
Accès libre aux extérieurs toute l'année.

8 - CAPDENAC
Capdenac-le-Haut
Accès libre aux extérieurs toute l'année.

9 - CARDAILLAC
Cardaillac
Accès libre aux extérieurs toute l'année.
05.65.40.14.32

10 - CASTELNAU-BRETENOUX
Prudhomat
Visite libre ou guidée (int./ext.) toute l'année, fermé certains jours fériés et le mardi d'octobre à mars. Expositions.
05.65.10.98.00

11 - CÉNEVIÈRES
Cénevières
Visite guidée (int./ext.) de Pâques à la Toussaint. Expositions.
05.65.31.27.33

12 - CIEURAC
Cieurac
Visite guidée (int./ext.) du 1er juillet au 15 septembre, fermé le jeudi. Sur rendez-vous hors saison (groupes). Expositions.
05.65.31.64.28

13 - LA COSTE
Grézels
Visite libre ou guidée (int./ext.) en juillet et août.
05.65.21.34.18

14 - FLAUGNAC
Flaugnac
Accès libre aux extérieurs toute l'année.

15 - LACAPELLE-MARIVAL
Lacapelle-Marival
Visite guidée (int./ext.) en juillet et août. Sur rendez-vous en juin et septembre. Expositions.
05.65.40.80.24 / 05.65.40.85.49

16 - LARROQUE-TOIRAC
Larroque-Toirac
Visite guidée durant la saison estivale. 05.65.34.78.12

17 - LASTOURS
Sainte-Croix
Accès libre aux extérieurs du 1er juillet au 10 août.

18 - MONTAL
Saint-Jean-Lespinasse
Visite guidée (int.) d'avril à septembre, fermé le samedi.
05.65.38.13.72

19 - MONTVALENT
Montvalent
Accès libre aux extérieurs toute l'année.

20 - PUY-L'ÉVÊQUE
Puy-l'Évêque
Accès libre aux extérieurs toute l'année.

21 - ROCAMADOUR
Rocamadour
Visite libre des extérieurs toute l'année. 05.65.33.23.23

22 - ROUSSILLON
Saint-Pierre-Lafeuille
Visite guidée (int./ext.) uniquement pour les groupes sur rendez-vous. Expositions.
05.65.36.87.05

23 - SAINT-CIRQ-LAPOPIE
Saint-Cirq-Lapopie
Accès libre aux extérieurs toute l'année.

24 - SAINT-LAURENT-LES-TOURS
Saint-Laurent-les-Tours
Visite libre ou guidée (int./ext.) à Pâques (vacances) et du 14 juillet au 30 septembre. Musée Jean Lurçat.
05.65.38.28.21

25 - LA TREYNE
Lacave
Visite libre ou guidée (juillet-août) de juin à septembre. 05.65.32.66.66.

BELLES DEMEURES
DU LOT

Éditions
patrimoines & *médias*

« Les Colonnes » BP 11
79180 - Chauray-Niort
tél. : 05 49 33 18 96 / 97
fax : 05 49 33 18 80

Maquette, Mise en pages : Philippe Floris
Infogravure : Éric Rosset

Photogravure
ATELIER YOLES
« Les Colonnes »
79180 - Chauray-Niort
tél. : 05 49 33 13 81

Achevé d'imprimer sur les presses des
IMPRIMESSIONS DUMAS
525, avenue de Limoges
BP 1039 - 79010 Niort Cédex
tél. : 05 49 24 07 24

Avril 1997
Dépôt légal 2ème trimestre 1997

ISBN 2-910137-26-0